Inhalt

Lohn der Arbeit? - Niedrige Gehälter befeuern die Wettbewerbsfähigkeit und lassen den Konsum stagnieren

Kernthesen

Beitrag

Fallbeispiele

Weiterführende Literatur

Impressum

Lohn der Arbeit? - Niedrige Gehälter befeuern die Wettbewerbsfähigkeit und lassen den Konsum stagnieren

R.Reuter

Kernthesen

- Maßvolle Tarifabschlüsse und allgemeine Zurückhaltung kennzeichnen seit Jahren die Lohnentwicklung in Deutschland.
- 2009 sind die Löhne in Deutschland erstmals seit 1949 sogar gesunken.
- Aus dem vergleichsweise niedrigen

Lohnniveau resultieren niedrige Lohnstückkosten, die den Unternehmen und Produkten eine hohe Wettbewerbsfähigkeit bescheren.
- Gleichzeitig stagniert der Binnenkonsum in Deutschland auf niedrigem Niveau. Überdies leiden Länder wie Griechenland unter einer negativen Handelsbilanz im Warenaustausch mit der Bundesrepublik.

Beitrag

Löhne und Gehälter sinken

Der deutsche Arbeitsmarkt hat die Finanzkrise relativ unbeschadet überstanden. Anders als in anderen Ländern ist die Zahl der Beschäftigungslosen in Deutschland nicht in die Höhe geschossen. Dafür wirkt sich die Rezession auf die Lohnentwicklung aus: So sind in Deutschland 2009 erstmals seit 1949 Löhne und Gehälter gesunken. Laut Statistischem Bundesamt ist der durchschnittliche Bruttoverdienst im vergangenen Jahr um 0,4 Prozent auf 27 648 Euro zurückgegangen. Für den Rückgang sind jedoch nicht etwa Lohnkürzungen verantwortlich, sondern zwei Sondereffekte. Dies sind zum einen die starke Nutzung der Kurzarbeit und der Abbau von

Guthaben auf Arbeitszeitkonten. (1)

Lohnzurückhaltung für mehr Wettbewerbsfähigkeit

Die rezessionsbedingten Lohnrückgänge passen sich in den Gesamttrend ein. Schon seit rund zehn Jahren wird in Deutschland eine deutliche Lohnzurückhaltung gepflegt. Der Grund dafür war die schwierige ökonomische Gesamtsituation kurz nach der Jahrtausendwende. Damals galt Deutschland als kranker Mann Europas, der zunehmend an Wettbewerbsfähigkeit verliere. Da an den hohen Lohnnebenkosten kaum gedreht werden konnte, einigten sich die Tarifpartner auf maßvolle Abschlüsse, die den damals viel diskutierten Standort Deutschland wieder attraktiv machen sollten. Dies ist gelungen: Die Unternehmen sind heute wettbewerbsfähiger als je zuvor und dominieren in vielen Branchen den Weltmarkt. Die deutschen Arbeitnehmer profitieren davon allerdings nur wenig. So ist der private Konsum infolge der schwachen Lohnentwicklung zwischen 2001 und 2008 inflationsbereinigt um lediglich ein Prozent gestiegen - was den letzten Platz unter 21 reichen Ländern bedeutet. In Ländern wie Frankreich, Spanien, Dänemark und den USA stieg der private Konsum im gleichen Zeitraum um 15 bis 20 Prozent. Während der

Finanzkrise ist die deutsche Exportorientierung darum in die Kritik geraten. Ökonomen mahnten an, dass Deutschland mit seiner schwachen Lohnentwicklung erstens seinen Wohlstand exportiere und zweitens immer wieder einen Leistungsbilanz-Überschuss erwirtschafte, der die importierenden Länder in Schwierigkeiten bringe. (2)

Keine Aussicht auf höhere Löhne

Merkliche Lohnsteigerungen sind in den Boomjahren bis einschließlich 2008 nicht zustande gekommen - und werden es jetzt erst recht nicht. Infolge der Rezession werden in den Unternehmen und bei Ökonomen die Stimmen lauter, die für 2010 eine Lohnpause fordern. Der Hauptgeschäftsführer des Deutschen Industrie- und Handelskammertags (DIHK) beispielsweise, Martin Wansleben, sieht für Lohnsteigerungen in diesem Jahr keinerlei Spielräume. Dafür führt er die Kurzarbeit an, die die Unternehmen viel Geld gekostet habe, das für höhere Löhne nun fehle. Ähnlich argumentieren Wirtschaftsforschungsinstitute, und der Tenor ist gleich: Zu verteilen gebe es nichts mehr. (3)

Frage nach dem Lohn der Arbeit

Die Jahre lang gepflegte Lohnzurückhaltung in Deutschland hat zu einer Diskussion über die Sozialgesetzgebung geführt. Die niedrige Entlohnung trägt nämlich mit dazu bei, dass sich die Einkommenshöhe nicht immer signifikant vom Sozialhilfesatz unterscheidet. Der niedrige Lohnabstand zwischen Geringverdienern und Hartz-IV-Empfängern verleitet Bedürftige augenscheinlich dazu, gar nicht mehr nach einer Beschäftigung zu suchen. Der Paritätische Wohlfahrtsverband hat indessen vorgerechnet, dass der Lohnabstand immer noch groß genug sei, um einen Anreiz für die Aufnahme von Arbeit zu bieten. Manche Politiker sehen das anders und legen Gegenrechnungen vor. Befördert wird die Problematik durch Dumping-Löhne, die sich in immer mehr Branchen breit machen, die keiner tariflichen Einigung unterliegen. Im deutsch-polnischen Grenzgebiet etwa arbeiten Friseure und Friseurinnen häufig für einen Stundenlohn von zwei bis drei Euro. Bekannt geworden sind noch weitergehende Exzesse. So soll es im Hotel-Gewerbe Tätigkeiten geben, die mit einem Stundensatz von 26 Cent vergütet werden. (4)

Trends

Traditionelle Beschäftigungsverhältnisse sind auf dem Rückzug

Normale Arbeitsverhältnisse, die durch eine unbefristete Anstellung, geregelten Lohn und eine Arbeitszeit von mindestens 30 Wochenstunden gekennzeichnet sind, werden in Deutschland immer weniger. Schon seit 2001 geht die Zahl solcher klassischer Arbeitsverhältnisse zurück. 2008 befanden sich nur noch 60,1 Prozent aller Beschäftigten im Alter zwischen 25 und 64 Jahren in einem Normalarbeitsverhältnis. In einem stetigen Aufwind befinden sich stattdessen Teilzeitjobs und befristete Beschäftigungsverhältnisse. Mit diesem Trend unterscheidet sich der deutsche Arbeitsmarkt von fast allen Märkten in Europa. So ist die Zahl traditioneller Beschäftigungsverhältnisse in Großbritannien, Frankreich und in Finnland angestiegen. Besonders deutlich ist der Rückgang im deutschen Dienstleistungssektor. In dieser Branche sind nur noch gut 50 Prozent der Arbeitnehmer unbefristet und in Vollzeit beschäftigt. (7)

Fallbeispiele

Vattenfall will Löhne senken

Der Stromversorger Vattenfall will in Deutschland 1 500 Stellen streichen und darüber hinaus drastische Lohnkürzungen vornehmen. Befürchtet wird von den Betriebsräten, dass die Kürzung bis zu 750 Euro monatlich betragen könnte. Die Geschäftsleitung will die Bereiche Immobilien und Logistik sowie Chemie in Servicegesellschaften ausgliedern, die einem für das Unternehmen günstigeren Tarifvertrag unterliegen. Vattenfall begründet die Sparmaßnahmen mit dem zunehmenden Wettbewerbsdruck in der europäischen Energiebranche. Die Mitarbeiter wollen dies nicht hinnehmen und haben einen Streik begonnen. (5)

Nullrunde für Rentner

Die gesunkenen Einkommen in Deutschland bewirken, dass die gut 20 Millionen Rentner 2010 eine Nullrunde hinnehmen müssen. Eine Reduzierung der Bezüge bleibt den Rentner indessen erspart, da die Bundesregierung im vergangenen Jahr das umstrittene Rentengarantiegesetz erlassen hat. Ohne dieses Gesetz müssten die Renten im Sommer nach unten angepasst werden. Die Rentengarantie wird die Rentenkasse Schätzungen zufolge mit rund einer halben Milliarde Euro belasten. (6)

Tarifabschluss im öffentlichen Dienst

Bund, Kommunen und die Gewerkschaften haben für die Beschäftigten im öffentlichen Dienst den Vorschlag der Schlichter übernommen. Jubelstürme löste der Kompromiss allerdings bei keiner der Parteien aus. Die Beschäftigten erhalten eine dreistufige Lohnerhöhung von insgesamt 2,3 Prozent sowie eine Pauschale von 240 Euro. Der Dienstleistungsgewerkschaft ver.di ist dies zu wenig, während die Kommunen über den Anstieg ihrer Lohnkosten klagen. (8)

Deutschlands Erlöse sind Griechenlands Miese

Die Misere Griechenlands, die die EU derzeit in Atem hält, ist auch eine Folge der hohen Wettbewerbsfähigkeit deutscher Unternehmen und Waren. So sind die Lohnstückkosten in Deutschland zwischen 2002 und 2006 gesunken, während sie in Griechenland um satte 40 Prozent anstiegen. Das Problem der Griechen ist daher nicht nur die hohe Staatsverschuldung, sondern die völlig fehlende Wettbewerbsfähigkeit. Hellas müsste seine Gehälter um 25 Prozent kürzen, wenn es allein den Wettbewerbsrückstand aufholen wollte, den es seit 1999 gegenüber Deutschland aufgebaut hat. Für die Wirtschaft im Euroraum bedeuten die deutsche Wettbewerbsfähigkeit und die daraus resultierenden, hohen Exporterlöse ein Problem. Länder wie eben Griechenland, aber auch Portugal und Spanien leiden infolgedessen unter einer negativen Handelsbilanz, die diese Länder auch durch ein zurückdrehen der Lohnschrauben gar nicht ausgleichen könnten. Die Schattenseiten des Titels als Exportweltmeister werden damit offensichtlich und zeigen, dass die Schaffung eines einheitlichen Währungsraumes ohne flankierende Wirtschaftspolitik zu einem nicht ausbalancierten System führt. (9)

Weiterführende Literatur

(1) Bruttoverdienst in Deutschland sinkt erstmals
aus Frankfurter Allgemeine Zeitung, 04.03.2010, Nr. 53, S. 11

(2) Stärkt den Konsum! Deutschland verlässt sich schon wieder auf den Export, obwohl uns dieser krisenanfällig gemacht hat
aus DIE WELT, 17.02.2010, Nr. 40, S. 10

(3) Unternehmen sehen kaum Spielraum für Lohnsteigerungen

aus Spiegel Online, 04.01.2010

(4) Studie: Arbeit lohnt sich doch mehr als Hartz IV
aus Saarbrücker Zeitung vom 02.03.2010

(5) Sparprogramm: Beschäftigte müssen mit Gehaltseinbußen von mehr als 1000 Euro rechnen
Vattenfall will Löhne drastisch kürzen
aus Hamburger Abendblatt, 02.03.2010, Nr. 51, S. 17

(6) Garantie verhindert 2010 Rentenkürzung
aus Frankfurter Allgemeine Zeitung, 15.01.2010, Nr. 12, S. 16

(7) Von der Norm zur Rarität
aus Süddeutsche Zeitung, 16.01.2010, Ausgabe Deutschland, Bayern, München, S. V2/2

(8) Merkel lobt Einigung im öffentlichen Dienst
aus Stuttgarter Zeitung, 01.03.2010, S. 1

(9) Griechen konkurrenzlos teuer Löhne in Südeuropa steigen seit Jahren - Deutschland dagegen hält sich zurück und ist wettbewerbsfähig
aus DIE WELT, 24.02.2010, Nr. 46, S. 9

Impressum

Lohn der Arbeit? - Niedrige Gehälter befeuern die Wettbewerbsfähigkeit und lassen den Konsum stagnieren

Bibliografische Information der deutschen Nationalbibliothek

Die Deutsche Nationalbibliothek verzeichnet diese Publikation in der deutschen Nationalbibliografie; detaillierte bibliografische Daten sind im Internet über http://dnb.d-nb.de abrufbar.

ISBN: 978-3-7379-0949-5

© 2015 GBI-Genios Deutsche Wirtschaftsdatenbank GmbH, Freischützstraße 96, 81927 München, www.genios.de

Alle Rechte vorbehalten. Dieses Werk ist einschließlich aller seiner Teile – z.B. Texte, Tabellen und Grafiken - urheberrechtlich geschützt. Jede Verwertung außerhalb der Grenzen des Urheberrechtsgesetzes bedarf der vorherigen Zustimmung des Verlags. Dies gilt insbesondere auch für auszugsweise Nachdrucke, fotomechanische Vervielfältigungen (Fotokopie/Mikroskopie), Übersetzungen, Auswertungen durch Datenbanken oder ähnliche Einrichtungen und die Einspeicherung und Verarbeitung in elektronischen Systemen.